AF400063

Geld verdienen mit Devisenhandel Forex Trading

Holger Kiefer

Kiefer-Coaching.de

Herausgegeben von: Holger Kiefer
(https://kiefer-coaching.de)
Verlagslabel: Kiefer-Coaching-Verlag
ISBN:
Softcover 978-3-384-15751-5
E-Book 978-3-384-15786-7
Druck und Distribution im Auftrag :
tredition GmbH, Heinz-Beusen-Stieg 5, 22926 Ahrensburg,
Germany

Inhaltsverzeichnis

Einleitung:

Für Anfänger im Devisenhandel sind die vorgestellten Kapitel
eine solide Grundlage, um ein tiefes Verständnis des Marktes,
seiner Akteure, Instrumente und Strategien zu entwickeln.
Neben den spezifischen Inhalten jedes Kapitels gibt es jedoch
allgemeine Konzepte und Praktiken, die für jeden, der in den
Devisenmarkt einsteigt, von entscheidender Bedeutung sind.

**Dieses Buch dient zur Informationen. Eine Haftung für ihre
Handelsaktivitäten kann verständlicher Weise nicht
übernommen werden.**

Hier sind einige zusätzliche Punkte, die Anfänger beachten
sollten:

1. Bildung und kontinuierliches Lernen

- **Marktwissen**: Devisenhandel erfordert ein ständiges
  Lernen. Märkte verändern sich, und neue Strategien
  entwickeln sich. Es ist wichtig, sich ständig
  weiterzubilden und auf dem Laufenden zu bleiben.
- **Ressourcen nutzen**: Nutzen Sie Bücher, Online-Kurse,
  aktuelle Nachrichten, Fachartikel und Webinare, um Ihr
  Wissen zu erweitern.

2. Praxiserfahrung

- **Demokonten**: Nutzen Sie Demokonten, um
  Handelsstrategien zu testen und Erfahrungen zu
  sammeln, ohne echtes Geld zu riskieren.

- **Kleiner Anfang**: Beginnen Sie mit kleinen Beträgen und erhöhen Sie Ihre Investitionen erst, wenn Sie mehr Erfahrung gesammelt haben.

3. Risikomanagement

- **Verluste begrenzen**: Lernen Sie, wie Sie Stop-Loss-Orders effektiv einsetzen, um Ihr Risiko zu managen und große Verluste zu vermeiden.
- **Kapitalmanagement**: Riskieren Sie nie mehr, als Sie sich leisten können zu verlieren. Eine gute Faustregel ist, nicht mehr als 1-2% Ihres Handelskapitals pro Trade zu riskieren.

4. Psychologische Faktoren

- **Emotionale Disziplin**: Der Handel kann emotional belastend sein. Lernen Sie, Emotionen wie Gier, Angst und Hoffnung zu kontrollieren.
- **Geduld und Ausdauer**: Erfolg im Devisenhandel kommt nicht über Nacht. Geduld und Ausdauer sind entscheidend, um langfristig Gewinne zu erzielen.

5. Verwendung von Technologie

- **Handelsplattformen**: Vertrautheit mit Handelsplattformen und deren Werkzeugen ist entscheidend. Nutzen Sie die angebotenen Analysewerkzeuge und Indikatoren.

- **Automatisierte Handelssysteme**: Verstehen Sie die Grundlagen des algorithmischen Handels und wie automatisierte Systeme Ihnen helfen können, aber seien Sie sich auch der Risiken bewusst.

6. Wirtschaftliche und geopolitische Ereignisse

- **Marktnachrichten**: Bleiben Sie über wirtschaftliche Ankündigungen und geopolitische Ereignisse informiert, da diese erhebliche Auswirkungen auf die Währungsmärkte haben können.
- **Wirtschaftskalender**: Nutzen Sie den Wirtschaftskalender, um sich auf wichtige Ereignisse vorzubereiten, die die Märkte bewegen könnten.

7. Netzwerk und Gemeinschaft

- **Austausch mit anderen Tradern**: Treten Sie Handelsforen und -gruppen bei, um Strategien zu diskutieren und von erfahrenen Tradern zu lernen.

8. Realistische Ziele setzen

- **Langfristige Perspektive**: Setzen Sie realistische Gewinnziele und entwickeln Sie eine langfristige Handelsstrategie, anstatt schnellen Reichtum zu suchen.

Indem Sie diese zusätzlichen Punkte zusammen mit den Inhalten der Kapitel berücksichtigen, können Sie als Anfänger eine solide Grundlage für erfolgreichen Handel im Devisenmarkt aufbauen.

Banken, Forex-Broker oder Handelsplattformen?

Viele Banken bieten ihren Kunden die Möglichkeit, Devisengeschäfte durchzuführen. Diese Banken agieren oft als Market Maker, indem sie ihren Kunden direkten Zugang zum Devisenmarkt bieten und gleichzeitig die Liquidität bereitstellen. Hier sind einige der wichtigsten Möglichkeiten, wie Banken den Devisenhandel unterstützen:

1. Devisenhandelskonten

Banken bieten ihren Kunden spezielle Devisenhandelskonten an, die es ihnen ermöglichen, Währungen zu kaufen und zu verkaufen. Diese Konten können sowohl für Privatpersonen als auch für Unternehmen verfügbar sein und bieten in der Regel Zugang zu verschiedenen Währungspaaren.

2. Online-Handelsplattformen

Viele Banken haben ihre eigenen Online-Handelsplattformen entwickelt, die es Kunden ermöglichen, Devisengeschäfte bequem von zu Hause oder unterwegs aus abzuwickeln. Diese Plattformen bieten oft Echtzeit-Marktdaten, Charting-Tools und Auftragsausführungsfunktionen.

3. Beratungsdienste

Einige Banken bieten auch Beratungsdienste für Devisengeschäfte an, bei denen Kunden von den Fachkenntnissen und Erfahrungen ihrer Devisenexperten profitieren können. Diese Berater können helfen, Handelsstrategien zu entwickeln, Risiken zu managen und Marktchancen zu identifizieren.

4. Devisenprodukte und Derivate

Banken bieten eine Vielzahl von Devisenprodukten und Derivaten an, darunter Devisenswaps, Optionen, Futures und strukturierte Produkte. Diese Instrumente ermöglichen es Kunden, sich gegen Währungsrisiken abzusichern oder von Marktbewegungen zu profitieren.

5. Forschung und Marktanalysen

Viele Banken veröffentlichen regelmäßig Forschungsberichte und Marktanalysen zu verschiedenen Währungspaaren und makroökonomischen Entwicklungen. Diese Informationen können Kunden dabei helfen, fundierte Handelsentscheidungen zu treffen.

6. Währungsumtausch und Zahlungsdienste

Banken bieten auch Währungsumtausch- und Zahlungsdienste an, die es Kunden ermöglichen, Währungen zu tauschen und internationale Zahlungen abzuwickeln. Dies kann für Unternehmen wichtig sein, die mit internationalen Partnern arbeiten und sich gegen Wechselkursrisiken absichern müssen.

Es ist jedoch wichtig zu beachten, dass Banken in der Regel nicht die gleiche Vielfalt an Handelsinstrumenten und -funktionen bieten wie spezialisierte Forex-Broker oder

Handelsplattformen. Wenn Sie sich für den Devisenhandel interessieren, sollten Sie daher auch andere Optionen in Betracht ziehen und die Angebote verschiedener Anbieter vergleichen, um die für Ihre Bedürfnisse am besten geeignete Lösung zu finden.

Kapitel 1: Einführung in den Devisenmarkt

Der Devisenmarkt, auch als Forex-Markt (Foreign Exchange Market) bekannt, ist der größte und liquideste Finanzmarkt der Welt. Er spielt eine zentrale Rolle im globalen Wirtschaftssystem und ermöglicht den Handel mit Währungen auf internationaler Ebene. In diesem Kapitel werden die grundlegenden Aspekte des Devisenmarktes beleuchtet, um Lesern eine solide Basis für das Verständnis dieses komplexen Finanzgebiets zu vermitteln.

1.1 Grundlagen der Devisenmärkte

Der Devisenmarkt ist ein dezentralisierter Markt, auf dem Währungen gehandelt werden. Er operiert rund um die Uhr, fünf Tage die Woche, aufgrund der unterschiedlichen Zeitzonen und der weltweiten Vernetzung der Finanzmärkte. Die Hauptakteure auf diesem Markt sind Zentralbanken, kommerzielle Banken, institutionelle Anleger, Unternehmen und individuelle Händler.

Die Währungen werden in Währungspaaren gehandelt, wobei jedes Paar eine Basiswährung und eine Kurswährung hat. Der Wechselkurs gibt an, wie viel Kurswährung benötigt wird, um eine Einheit der Basiswährung zu kaufen. Beispielsweise steht im Währungspaar EUR/USD der Euro als Basiswährung und der US-Dollar als Kurswährung.

Die Preisbildung auf dem Devisenmarkt erfolgt durch Angebot und Nachfrage. Ein steigender Wechselkurs zeigt eine Stärkung der Basiswährung im Vergleich zur Kurswährung an, während ein fallender Kurs auf eine Schwächung hinweist.

1.2 Geschichte und Entwicklung des Devisenhandels

Die Ursprünge des Devisenhandels reichen weit zurück in die Geschichte. Historisch gesehen wurde der Austausch von Währungen bereits im Mittelalter durchgeführt, als Händler internationale Geschäfte abwickelten. Mit der Zeit entwickelten sich unterschiedliche Wechselkursmechanismen, von festen Wechselkursen bis hin zu flexiblen Wechselkursen, die von Angebot und Nachfrage bestimmt werden.

Die Einführung des Bretton-Woods-Systems nach dem Zweiten Weltkrieg legte den Grundstein für die moderne Struktur des Devisenmarktes. Nach dem Zusammenbruch dieses Systems in den 1970er Jahren wechselten viele Länder zu flexiblen Wechselkursen, was zu einem dynamischeren und liquideren Devisenmarkt führte.

1.3 Bedeutung des Devisenmarkts in der globalen Wirtschaft

Der Devisenmarkt spielt eine entscheidende Rolle in der globalen Wirtschaft. Er ermöglicht den internationalen Handel, indem er Währungsrisiken absichert und Wechselkurse für den Handel mit Gütern und Dienstleistungen festlegt. Zudem dient er als Mechanismus für Kapitalflüsse, Investitionen und spekulative Aktivitäten.

Zentralbanken nutzen den Devisenmarkt, um ihre Währungsreserven zu managen und geldpolitische Ziele zu erreichen. Unternehmen schützen sich vor Währungsrisiken, indem sie Devisengeschäfte abschließen. Die Entwicklungen auf dem Devisenmarkt können zudem Indikatoren für makroökonomische Trends und geopolitische Ereignisse sein.

In den folgenden Kapiteln werden wir tiefer in die verschiedenen Aspekte des Devisenmarktes eintauchen, von den Marktteilnehmern und Instrumenten bis zu fortgeschrittenen Handelsstrategien und zukünftigen Entwicklungen. Ein solides Verständnis der Grundlagen ist jedoch entscheidend, um die Komplexität und die Chancen dieses faszinierenden Marktes vollständig zu erfassen.

Kapitel 2: Marktteilnehmer und Instrumente

Der Devisenmarkt ist ein komplexes Ökosystem, das von verschiedenen Akteuren bevölkert wird, die unterschiedliche Ziele und Einflüsse haben. Zudem bietet der Markt eine Vielzahl von Instrumenten, die es den Marktteilnehmern ermöglichen, ihre Bedürfnisse in Bezug auf Absicherung, Spekulation und Investition zu erfüllen. In diesem Kapitel werden die Hauptakteure des Devisenhandels sowie die verschiedenen Instrumente, einschließlich Spot, Forward, Futures, Optionen, Margin und Leverage, ausführlich behandelt.

2.1 Hauptakteure im Devisenhandel

Die Hauptakteure auf dem Devisenmarkt umfassen:

1. **Zentralbanken**: Zentralbanken spielen eine Schlüsselrolle im Devisenmarkt, indem sie Geldpolitik betreiben, Devisenreserven verwalten und Interventionen zur Stabilisierung der nationalen Währungen durchführen.

2. **Kommerzielle Banken**: Kommerzielle Banken sind die wichtigsten Vermittler im Devisenhandel und erleichtern den Handel zwischen verschiedenen Parteien. Sie bieten auch Devisendienstleistungen für Unternehmen, institutionelle Anleger und Einzelhändler an.

3. **Institutionelle Anleger**: Dazu gehören Investmentfonds, Pensionsfonds, Hedgefonds und andere institutionelle Einrichtungen, die große Mengen an Devisen handeln, um Renditen zu erzielen und Portfolios zu diversifizieren.

4. **Unternehmen**: Multinationale Unternehmen, die im internationalen Handel tätig sind, nutzen den Devisenmarkt, um Währungsrisiken abzusichern und Fremdwährungen für den Handel mit Waren und Dienstleistungen zu erwerben.

5. **Regierungen und Regulierungsbehörden**: Neben Zentralbanken spielen Regierungen und Regulierungsbehörden eine wichtige Rolle bei der Überwachung und Regulierung des Devisenmarktes, um Transparenz, Fairness und Stabilität zu gewährleisten.

2.2 Deviseninstrumente: Spot, Forward und Futures

- **Spotmarkt**: Auf dem Spotmarkt werden Währungen zum sofortigen Tausch zu aktuellen Marktpreisen gehandelt. Dies ist die einfachste Form des Devisenhandels und wird häufig von Unternehmen und Banken genutzt, um sofortige Transaktionen abzuwickeln.

- **Terminkontrakte (Forward)**: Forward-Kontrakte sind Vereinbarungen zum Kauf oder Verkauf einer bestimmten Menge einer Währung zu einem festgelegten Kurs zu einem zukünftigen Zeitpunkt. Sie werden verwendet, um sich gegen Wechselkursrisiken abzusichern oder Spekulationen über zukünftige Wechselkursbewegungen einzugehen.

- **Futures-Kontrakte**: Ähnlich wie Forward-Kontrakte sind Futures-Kontrakte Vereinbarungen über den Kauf oder Verkauf einer Währung zu einem festgelegten Preis zu einem bestimmten Zeitpunkt in der Zukunft. Futures-Kontrakte werden jedoch an organisierten Börsen gehandelt und unterliegen strengeren Regelungen.

2.3 Optionen im Devisenhandel

- **Devisenoptionen**: Devisenoptionen sind derivative Finanzinstrumente, die dem Käufer das Recht, aber nicht die Verpflichtung einräumen, eine bestimmte Währung zu einem vereinbarten Preis zu einem festgelegten Zeitpunkt oder innerhalb eines bestimmten Zeitraums zu kaufen oder zu verkaufen. Sie bieten Flexibilität und können zur Absicherung oder Spekulation eingesetzt werden.

2.4 Devisenhandel auf Margin und Leverage

- **Margin-Handel**: Beim Margin-Handel können Händler mit einem Bruchteil des Gesamtwerts einer Devisenposition handeln, indem sie eine Sicherheitsleistung (Margin) hinterlegen. Dies ermöglicht es Händlern, größere Positionen einzugehen,

als sie sich leisten könnten, wenn sie den vollen Wert
der Position bezahlen müssten.

- **Hebelwirkung (Leverage)**: Die Hebelwirkung
  ermöglicht es Händlern, mit einem kleinen
  Kapitaleinsatz große Positionen zu kontrollieren. Sie
  wird durch das Verhältnis zwischen dem Wert der
  Position und der erforderlichen Margin bestimmt.
  Obwohl Leverage die potenziellen Gewinne erhöht,
  erhöht sie auch das Risiko von Verlusten und erfordert
  ein sorgfältiges Risikomanagement.

Die Kenntnis der verschiedenen Marktteilnehmer und
Instrumente ist entscheidend für eine fundierte
Entscheidungsfindung im Devisenhandel. Durch die Auswahl
geeigneter Instrumente und Strategien können Marktteilnehmer
ihre Ziele erreichen und gleichzeitig Risiken minimieren. Im
nächsten Kapitel werden wir grundlegende Handelsstrategien
untersuchen, die auf diesen Instrumenten basieren.

Kapitel 3: Grundlegende Handelsstrategien

Der Devisenmarkt bietet eine Vielzahl von Handelsstrategien, die von Händlern angewendet werden, um profitabel zu handeln. Diese Strategien können auf verschiedenen Analysemethoden basieren, darunter technische Analyse, Fundamentalanalyse und Sentimentanalyse. Darüber hinaus ist ein effektives Risikomanagement entscheidend, um Verluste zu begrenzen und langfristigen Erfolg zu gewährleisten.

3.1 Technische Analyse

Die technische Analyse bezieht sich auf die Bewertung von Währungskursen durch die Analyse historischer Preisbewegungen und Handelsvolumina. Hier sind einige grundlegende Konzepte der technischen Analyse:

- **Chartmuster und Trendlinien (3.1.1):** Technische Analysten verwenden Chartmuster wie Kopf-Schulter-Formationen, Doppeltops und Dreiecke, um potenzielle Trendumkehrungen oder Fortsetzungen zu identifizieren. Trendlinien werden gezeichnet, um den allgemeinen Richtungstrend zu visualisieren.

- **Indikatoren wie RSI, MACD, Moving Averages (3.1.2):** Technische Indikatoren bieten zusätzliche Informationen über die Stärke eines Trends, überkaufte oder überverkaufte Bedingungen und mögliche Trendumkehrpunkte. Beispiele sind der Relative

Strength Index (RSI), Moving Average Convergence Divergence (MACD) und einfache oder exponentielle gleitende Durchschnitte.

- **Fibonacci-Retracement im Devisenhandel (3.1.3):** Fibonacci-Retracement-Niveaus werden verwendet, um potenzielle Unterstützungs- und Widerstandszonen zu identifizieren. Diese Niveaus werden durch die Anwendung der Fibonacci-Zahlen auf vorherige Kursbewegungen bestimmt.

3.2 Fundamentalanalyse

Die Fundamentalanalyse konzentriert sich auf die Bewertung von Währungen basierend auf wirtschaftlichen, politischen und sozialen Faktoren, die die Märkte beeinflussen. Schlüsselaspekte der Fundamentalanalyse sind:

- **Arbeitsmarktindikatoren (3.2.1):** Arbeitsmarktindikatoren wie die Arbeitslosenquote und die Beschäftigungszahlen bieten Einblicke in die wirtschaftliche Gesundheit eines Landes.

- **Wirtschaftswachstumsindikatoren (3.2.2):** Indikatoren wie das Bruttoinlandsprodukt (BIP) und das Bruttonationaleinkommen (BNE) spiegeln das Wirtschaftswachstum wider.

- **Inflationsindikatoren (3.2.3):** Die Inflationsrate beeinflusst die Kaufkraft einer Währung. Höhere Inflationsraten können zu einer Abwertung der Währung führen.

- **Handelsbilanz- und Leistungsbilanzindikatoren
  (3.2.4):** Die Handelsbilanz zeigt die Differenz zwischen
  den Exporten und Importen eines Landes an, während
  die Leistungsbilanz alle wirtschaftlichen Transaktionen
  mit dem Ausland berücksichtigt.

3.3 Sentimentanalyse

Die Sentimentanalyse bewertet die Stimmung der
Marktteilnehmer gegenüber einer Währung und kann
Aufschluss über zukünftige Kursbewegungen geben. Einige
Aspekte der Sentimentanalyse sind:

- **Händlersentiment (3.3.1):** Die Analyse von
  Positionierungen und Meinungen von Händlern kann
  Hinweise darauf geben, ob der Markt überkauft oder
  überverkauft ist.

- **Wirtschaftsindikatoren und Nachrichten (3.3.2):**
  Relevante Nachrichten und Ereignisse können starke
  Auswirkungen auf das Marktverhalten haben, basierend
  auf der Interpretation und Reaktion der
  Marktteilnehmer.

3.4 Risikomanagement im Devisenhandel

Ein wirksames Risikomanagement ist entscheidend, um
Kapital zu schützen und langfristige Handelserfolge zu sichern.
Schlüsselelemente des Risikomanagements sind:

- **Positionsgrößenkontrolle (3.4.1):** Die Größe einer
  Handelsposition sollte so gewählt werden, dass Verluste
  in einem akzeptablen Rahmen bleiben.

- **Stop-Loss- und Take-Profit-Orders (3.4.2):** Stop-
  Loss-Orders werden verwendet, um Verluste zu
  begrenzen, während Take-Profit-Orders genutzt werden,
  um Gewinne zu sichern.

- **Diversifikation (3.4.3):** Durch die Verteilung von
  Kapital auf verschiedene Währungspaare oder
  Anlageklassen können Risiken reduziert werden.

- **Verwendung von Hebel mit Vorsicht (3.4.4):** Obwohl
  Hebelwirkung Gewinne steigern kann, sollte sie mit
  Bedacht eingesetzt werden, um das Potenzial für
  erhebliche Verluste zu minimieren.

In der Kombination dieser Handelsstrategien können Händler
ihre Analysen verfeinern und eine umfassende
Herangehensweise an den Devisenmarkt entwickeln. Im
nächsten Kapitel werden wir tiefer in die spezifischen Aspekte
der technischen Analyse eintauchen, um Händlern ein
detailliertes Verständnis der Werkzeuge und Methoden zu
vermitteln.

Kapitel 4: Wirtschaftsindikatoren und ihre Auswirkungen

Wirtschaftsindikatoren spielen eine entscheidende Rolle in der Analyse und Prognose von Währungsbewegungen. Diese Indikatoren spiegeln verschiedene Aspekte der wirtschaftlichen Gesundheit eines Landes wider und beeinflussen maßgeblich die Devisenmärkte. In diesem Kapitel werden die wichtigsten Wirtschaftsindikatoren und ihre Auswirkungen auf den Devisenhandel betrachtet.

4.1 Arbeitsmarktindikatoren

Der Arbeitsmarkt ist ein zentraler Indikator für die wirtschaftliche Leistungsfähigkeit eines Landes. Arbeitsmarktindikatoren bieten Einblicke in Beschäftigungsniveaus, Arbeitslosenquoten und Lohnentwicklungen. Hier sind einige Schlüsselarbeitsmarktindikatoren:

- **Arbeitslosenquote (4.1.1):** Die Arbeitslosenquote misst den Prozentsatz der erwerbsfähigen Bevölkerung, der arbeitslos ist. Ein Anstieg der Arbeitslosenquote kann auf wirtschaftliche Probleme hinweisen und zu einer Abwertung der Währung führen.

- **Beschäftigungszahlen (4.1.2):** Die Zahl der Beschäftigten ist ein wichtiger Indikator für das Wirtschaftswachstum. Steigende Beschäftigungszahlen können auf eine robuste Wirtschaft hinweisen, während rückläufige Zahlen das Gegenteil anzeigen.

- **Lohnentwicklung (4.1.3):** Die Entwicklung der Löhne beeinflusst das Konsumverhalten und kann Auswirkungen auf die Inflation haben. Höhere Löhne können zu steigender Inflation führen.

Die Reaktion der Devisenmärkte auf Arbeitsmarktindikatoren hängt von der Interpretation der Zentralbanken und Händler ab. Ein gesunder Arbeitsmarkt wird oft positiv aufgenommen, während Anzeichen von Arbeitsmarktproblemen zu negativen Reaktionen führen können.

4.2 Wirtschaftswachstumsindikatoren

Das Wirtschaftswachstum eines Landes ist ein grundlegender Faktor für die Devisenbewertung. Verschiedene Indikatoren geben Aufschluss über die wirtschaftliche Aktivität und das Potenzial für zukünftiges Wachstum:

- **Bruttoinlandsprodukt (BIP) (4.2.1):** Das BIP misst den Gesamtwert aller Waren und Dienstleistungen, die in einem Land produziert werden. Ein steigendes BIP deutet auf wirtschaftliches Wachstum hin.

- **Bruttonationaleinkommen (BNE) (4.2.2):** Das BNE berücksichtigt zusätzlich zu den im Inland produzierten Waren und Dienstleistungen auch die Einkommen aus dem Ausland. Ein steigendes BNE zeigt eine wachsende Wirtschaftskraft an.

- **Industrieproduktion (4.2.3):** Die Industrieproduktion gibt Auskunft über die Produktionsaktivitäten im verarbeitenden Gewerbe. Steigende Produktionszahlen deuten auf wirtschaftliches Wachstum hin.

Positive Wirtschaftswachstumsindikatoren führen in der Regel zu einer Stärkung der Landeswährung, während negative Zahlen zu einer Schwächung führen können.

4.3 Inflationsindikatoren

Inflation ist ein wichtiger Faktor für die Geldpolitik und hat erhebliche Auswirkungen auf den Devisenmarkt. Hier sind einige zentrale Inflationsindikatoren:

- **Verbraucherpreisindex (CPI) (4.3.1):** Der CPI misst die durchschnittliche Preisänderung von Waren und Dienstleistungen, die von Haushalten erworben werden. Eine höhere Inflationsrate kann zu einer Abwertung der Währung führen.

- **Produzentenpreisindex (PPI) (4.3.2):** Der PPI misst die durchschnittliche Preisänderung von Waren und Dienstleistungen auf Produzentenebene. Eine steigende PPI kann zukünftige Kostensteigerungen für Verbraucher bedeuten.

- **Lohninflation (4.3.3):** Die Entwicklung der Löhne hat direkte Auswirkungen auf die Inflation. Höhere Löhne können zu einem Anstieg der Nachfrage und damit zu Inflation führen.

Zentralbanken reagieren oft auf Inflationsdaten, um Preisstabilität zu gewährleisten. Eine moderate Inflationsrate wird häufig angestrebt, um eine gesunde wirtschaftliche Entwicklung zu unterstützen.

4.4 Handelsbilanz- und Leistungsbilanzindikatoren

Die Handelsbilanz und die Leistungsbilanz geben Einblicke in die wirtschaftlichen Transaktionen eines Landes mit dem Ausland. Diese Indikatoren können direkte Auswirkungen auf die Währungsbewertung haben:

- **Handelsbilanz (4.4.1):** Die Handelsbilanz misst die Differenz zwischen Exporten und Importen. Ein Handelsüberschuss (Exporte > Importe) kann zu einer Aufwertung der Währung führen, während ein Handelsdefizit (Importe > Exporte) zu einer Abwertung führen kann.

- **Leistungsbilanz (4.4.2):** Die Leistungsbilanz berücksichtigt alle wirtschaftlichen Transaktionen, einschließlich Handel, Kapitalflüsse und Überweisungen. Ein positiver Saldo in der Leistungsbilanz kann die Währung stärken.

Die Handels- und Leistungsbilanz sind wichtige Faktoren für die Wettbewerbsfähigkeit einer Volkswirtschaft und beeinflussen die Devisenbewertung.

Insgesamt sind Wirtschaftsindikatoren entscheidende Werkzeuge für Händler, um fundierte Entscheidungen zu treffen und die Entwicklungen auf den Devisenmärkten zu verstehen. Die Reaktionen auf diese Indikatoren können jedoch von verschiedenen Faktoren beeinflusst werden, einschließlich der Erwartungen der Marktteilnehmer und der aktuellen geldpolitischen Maßnahmen. Daher ist es wichtig, eine ganzheitliche Sichtweise zu entwickeln und die Wechselwirkungen zwischen verschiedenen Indikatoren zu berücksichtigen. Im nächsten Kapitel werden wir uns detailliert mit der technischen Analyse befassen, um Händlern weitere Instrumente zur Verfügung zu stellen, um den Devisenmarkt zu verstehen und zu handeln.

Kapitel 5: Technische Analyse im Devisenhandel

Die technische Analyse ist eine weit verbreitete Methode im Devisenhandel, die darauf abzielt, Handelsentscheidungen auf der Grundlage historischer Preisbewegungen und Handelsvolumina zu treffen. Dieses Kapitel vertieft die verschiedenen Aspekte der technischen Analyse im Devisenhandel, einschließlich Chartmuster und Trendlinien, wichtiger Indikatoren wie RSI, MACD und Moving Averages, sowie der Anwendung von Fibonacci-Retracement.

5.1 Chartmuster und Trendlinien

- **Chartmuster (5.1.1):** Chartmuster sind visuelle Formationen, die auf Preisdiagrammen erscheinen und auf zukünftige Kursbewegungen hindeuten können. Zu den häufigsten Chartmustern gehören Kopf-Schulter-Formationen, Doppel- und Dreifachtops/Tiefs sowie Umkehr- und Fortsetzungsmuster.

    - *Kopf-Schulter-Formation:* Eine Umkehrformation, die einen möglichen Trendwechsel anzeigt. Sie besteht aus einem höheren Hoch (Kopf) zwischen zwei niedrigeren Hochs (Schultern).

    - *Doppel- und Dreifachtops/Tiefs:* Zeigen mögliche Umkehrpunkte in einem bestehenden Trend an. Doppeltops/Tiefs haben zwei aufeinanderfolgende Hochs/Tiefs auf ähnlichem Niveau, Dreifachtops/Tiefs haben drei.

- *Umkehr- und Fortsetzungsmuster:* Umkehrmuster signalisieren einen möglichen Trendwechsel, während Fortsetzungsmuster darauf hinweisen, dass der bestehende Trend wahrscheinlich fortgesetzt wird.

- **Trendlinien (5.1.2):** Trendlinien werden verwendet, um die allgemeine Richtung eines Trends zu visualisieren. Eine Aufwärtstrendlinie wird durch das Verbinden von Tiefpunkten erstellt, während eine Abwärtstrendlinie durch das Verbinden von Hochpunkten entsteht. Trendlinien können als Unterstützung oder Widerstand fungieren und bieten Anhaltspunkte für mögliche Umkehrpunkte.

Die effektive Nutzung von Chartmustern und Trendlinien erfordert Erfahrung und Geschicklichkeit in der Interpretation der Preisbewegungen. Kombiniert mit anderen Analysetechniken können sie jedoch wertvolle Signale für den Devisenhändler liefern.

5.2 Indikatoren wie RSI, MACD, Moving Averages

- **Relative Strength Index (RSI) (5.2.1):** Der RSI misst die Stärke und Geschwindigkeit einer Preisbewegung. Er bewegt sich auf einer Skala von 0 bis 100 und wird oft verwendet, um überkaufte oder überverkaufte Bedingungen zu identifizieren. Ein RSI über 70 deutet auf überkaufte Bedingungen hin, während ein RSI unter 30 überverkaufte Bedingungen anzeigt.

- **Moving Average Convergence Divergence (MACD) (5.2.2):** Der MACD ist ein Trendfolgeindikator, der die Beziehung zwischen zwei gleitenden Durchschnitten eines Vermögenswerts zeigt. Der MACD-Indikator umfasst eine MACD-Linie, eine Signallinie und ein Histogramm. Kreuzt die MACD-Linie die Signallinie von unten nach oben, signalisiert dies einen möglichen Aufwärtstrend, und umgekehrt.

- **Moving Averages (5.2.3):** Gleitende Durchschnitte sind glättende Linien, die den Durchschnittspreis über einen bestimmten Zeitraum darstellen. Sie werden verwendet, um den allgemeinen Trend zu identifizieren und Marktrauschen zu filtern. Es gibt einfache gleitende Durchschnitte (SMA) und exponentielle gleitende Durchschnitte (EMA), die unterschiedliche Gewichtungen auf Preisdaten anwenden.

Die Verwendung dieser Indikatoren erfordert Verständnis und Erfahrung, um ihre Signale effektiv zu interpretieren. Händler können verschiedene Indikatoren kombinieren, um bestätigende Signale zu erhalten und ihre Analyse zu verfeinern.

5.3 Fibonacci-Retracement im Devisenhandel

- **Fibonacci-Retracement (5.3.1):** Das Fibonacci-Retracement basiert auf der Fibonacci-Zahlenreihe und wird verwendet, um potenzielle Unterstützungs- und Widerstandsniveaus auf einem Preisdiagramm zu identifizieren. Die wichtigsten Retracement-Niveaus sind 23,6%, 38,2%, 50%, 61,8% und 78,6%. Diese Niveaus werden durch Anwendung der Fibonacci-Zahlen auf vorherige Preisbewegungen bestimmt.

Die Verwendung von Fibonacci-Retracement erfordert Geduld und Präzision bei der Identifizierung von relevanten Preisniveaus. Es kann als zusätzliches Werkzeug in Verbindung mit anderen Analysetechniken dienen, um potenzielle Wendepunkte auf dem Devisenmarkt zu bestimmen.

In der technischen Analyse ist es entscheidend, verschiedene Werkzeuge und Indikatoren als Teil eines umfassenden Ansatzes zu betrachten. Kein einzelnes Instrument sollte isoliert betrachtet werden, da eine umfassende Analyse eine Kombination verschiedener Faktoren erfordert. Das Verständnis der Stärken und Schwächen jeder Analysemethode ist entscheidend, um eine fundierte Entscheidungsfindung im Devisenhandel zu ermöglichen. Im nächsten Kapitel werden wir den Handelsprozess genauer betrachten, einschließlich der Auswahl eines Forex-Brokers, der Eröffnung und Schließung von Positionen sowie der Verwendung von Handelsplattformen.

Kapitel 6: Der Handelsprozess

Der Handelsprozess im Devisenmarkt ist ein komplexer Ablauf, der sorgfältige Überlegungen und Entscheidungen erfordert. In diesem Kapitel werden die Schritte des Handelsprozesses im Detail behandelt, beginnend mit der Auswahl eines Forex-Brokers über das Eröffnen und Schließen von Positionen bis zur Verwendung von Handelsplattformen.

6.1 Auswahl eines Forex-Brokers

Die Wahl des richtigen Forex-Brokers ist entscheidend für den Handelserfolg. Verschiedene Broker bieten unterschiedliche Handelsbedingungen, Gebührenstrukturen und Handelsplattformen an. Hier sind einige Faktoren, die bei der Auswahl eines Forex-Brokers zu berücksichtigen sind:

- **Regulierung und Lizenzierung (6.1.1):** Ein seriöser Forex-Broker sollte von einer angesehenen Finanzaufsichtsbehörde reguliert und lizenziert sein. Dies gewährleistet eine gewisse Transparenz und schützt die Interessen der Händler.

- **Handelsgebühren (6.1.2):** Die Gebührenstruktur des Brokers, einschließlich Spreads, Kommissionen und Finanzierungskosten, beeinflusst die Rentabilität von Trades. Ein Vergleich der Gebühren verschiedener Broker ist entscheidend.

- **Handelsangebot (6.1.3):** Die Verfügbarkeit von Währungspaaren, Rohstoffen, Indizes und anderen

Instrumenten sollte den Handelszielen des Traders entsprechen. Ein breites Handelsangebot ermöglicht eine diversifizierte Strategie.

- **Hebel und Margin-Anforderungen (6.1.4):** Die Möglichkeit, mit Hebel zu handeln, ist ein wichtiger Aspekt im Devisenmarkt. Händler sollten die Hebelwirkung und die damit verbundenen Margin-Anforderungen verstehen und sorgfältig verwalten.

- **Handelsplattform (6.1.5):** Die Qualität der Handelsplattform beeinflusst die Benutzererfahrung erheblich. Eine benutzerfreundliche, stabile Plattform mit erweiterten Charting-Tools und Ausführungsgeschwindigkeit ist wichtig.

- **Kundensupport (6.1.6):** Ein effizienter Kundensupport ist wichtig, insbesondere wenn Probleme auftreten oder technische Unterstützung benötigt wird. Die Verfügbarkeit von mehrsprachigem Support kann ebenfalls entscheidend sein.

- **Bildungs- und Analysematerialien (6.1.7):** Hochwertige Bildungsressourcen und Analysewerkzeuge, die vom Broker bereitgestellt werden, können Händlern helfen, ihre Fähigkeiten zu verbessern und fundierte Entscheidungen zu treffen.

Die Auswahl eines Forex-Brokers sollte sorgfältig erfolgen und auf den individuellen Bedürfnissen und Handelszielen basieren.

6.2 Eröffnen und Schließen von Positionen

Nach der Auswahl eines geeigneten Forex-Brokers folgt der eigentliche Handelsprozess, der das Eröffnen und Schließen von Positionen umfasst.

- **Eröffnen von Positionen (6.2.1):** Händler können Long-Positionen eingehen, wenn sie auf steigende Kurse setzen, oder Short-Positionen, wenn sie auf fallende Kurse setzen. Die Wahl der Positionsgröße und das Festlegen von Stop-Loss- und Take-Profit-Levels sind entscheidende Schritte.

- **Schließen von Positionen (6.2.2):** Positionen können auf verschiedene Weisen geschlossen werden, einschließlich manueller Schließung durch den Trader, automatischer Ausführung von Stop-Loss- oder Take-Profit-Orders oder durch das Erreichen eines festgelegten Ablaufdatums.

- **Riskomanagement (6.2.3):** Ein effektives Risikomanagement ist entscheidend. Dies umfasst die Festlegung von Stop-Loss-Niveaus, Positionsgrößen und das Vermeiden von übermäßiger Hebelwirkung, um Verluste zu begrenzen.

6.3 Verwendung von Handelsplattformen

Die Handelsplattform ist das zentrale Werkzeug eines jeden Devisenhändlers. Hier sind einige wichtige Aspekte bei der Verwendung von Handelsplattformen:

- **Orderausführung (6.3.1):** Die Geschwindigkeit und Zuverlässigkeit der Orderausführung sind entscheidend, um zum gewünschten Preis in den Markt einzusteigen oder auszusteigen.

- **Charting-Tools (6.3.2):** Umfangreiche Charting-Tools ermöglichen eine detaillierte technische Analyse. Händler sollten auf benutzerfreundliche Charts mit anpassbaren Indikatoren, Zeichenwerkzeugen und Zeitrahmen achten.

- **Analysewerkzeuge (6.3.3):** Fortgeschrittene Analysewerkzeuge wie technische Indikatoren, Wirtschaftskalender und Nachrichtenfeeds können die Entscheidungsfindung unterstützen.

- **Benutzerfreundlichkeit (6.3.4):** Eine intuitive Benutzeroberfläche und klare Navigation sind entscheidend, um effizient und stressfrei handeln zu können.

- **Mobile Handelsplattformen (6.3.5):** Die Verfügbarkeit von mobilen Anwendungen ermöglicht es Händlern, auch unterwegs auf ihre Handelskonten zuzugreifen und Transaktionen durchzuführen.

Die Wahl der Handelsplattform sollte den individuellen Präferenzen und Anforderungen des Händlers entsprechen.

Der Handelsprozess erfordert nicht nur technisches Verständnis, sondern auch emotionale Kontrolle und eine strategische Herangehensweise. Durch die sorgfältige Auswahl eines Brokers, das Verständnis des Eröffnens und Schließens von Positionen und die effektive Nutzung von Handelsplattformen können Händler ihre Chancen auf Erfolg im Devisenmarkt maximieren. Im nächsten Kapitel werden fortgeschrittene Handelsstrategien behandelt, darunter Carry-Trade, Arbitrage im Devisenhandel und algorithmischer Devisenhandel.

Kapitel 7: Fortgeschrittene Handelsstrategien

Im fortgeschrittenen Stadium des Devisenhandels nutzen Trader komplexe Strategien, um ihre Gewinnchancen zu erhöhen und Risiken zu minimieren. Drei solcher Strategien sind Carry-Trades, Arbitrage im Devisenhandel und der Einsatz von algorithmischem Handel. Diese Ansätze erfordern ein tieferes Verständnis der Marktdynamik, Risikomanagementtechniken und der technischen Infrastruktur des Devisenmarkts.

7.1 Carry-Trade

Der Carry-Trade ist eine beliebte Strategie im Devisenhandel, die die Zinsdifferenz zwischen zwei Währungen ausnutzt. Trader leihen sich eine Währung mit niedrigen Zinssätzen, um eine andere Währung mit höheren Zinssätzen zu kaufen. Die Gewinne resultieren aus der Zinsdifferenz, solange der Wechselkurs stabil bleibt oder sich zugunsten des Traders entwickelt.

- **Mechanismus des Carry-Trades (7.1.1):** Ein Trader könnte zum Beispiel japanische Yen (JPY) leihen, um australische Dollar (AUD) zu kaufen, wenn die Zinsen in Australien deutlich höher sind als in Japan. Die Gewinne kommen aus den Zinseinnahmen abzüglich der Zinskosten für das geliehene Kapital.

- **Risiken (7.1.2):** Obwohl Carry-Trades attraktive Renditen bieten können, bergen sie auch Risiken. Eine plötzliche Abwertung der Zielwährung oder eine unerwartete Zinssenkung im Zielwährungsland kann zu erheblichen Verlusten führen.

7.2 Arbitrage im Devisenhandel

Arbitrage im Devisenhandel nutzt Preisunterschiede derselben Währungspaare auf verschiedenen Märkten oder Plattformen. Arbitrageure kaufen eine Währung auf dem Markt, wo sie unterbewertet ist, und verkaufen sie gleichzeitig auf einem anderen Markt zu einem höheren Preis, um von der Differenz zu profitieren.

- **Arten der Arbitrage (7.2.1):** Es gibt mehrere Arten von Arbitrage im Devisenhandel, einschließlich räumlicher Arbitrage, bei der Preisunterschiede zwischen geografisch unterschiedlichen Märkten genutzt werden, und Triangular Arbitrage, die Preisunterschiede zwischen drei Währungen ausnutzt.

- **Herausforderungen (7.2.2):** Erfolgreiche Arbitrage erfordert hochentwickelte Technologien und schnelle Ausführung, da Preisunterschiede oft nur für kurze Zeit existieren. Zudem haben Arbitrage-Strategien eine Tendenz zur Selbsteliminierung, da sie Preisunterschiede verringern.

7.3 Algorithmischer Devisenhandel

Algorithmischer Handel, auch bekannt als automatisierter Handel, verwendet Computerprogramme, die auf vordefinierten Kriterien basieren, um Trades automatisch auszuführen. Diese Strategie kann helfen, Emotionen aus dem Handelsprozess zu entfernen und die Ausführungsgeschwindigkeit zu verbessern.

* **Strategien (7.3.1):** Algorithmischer Handel im Devisenmarkt kann verschiedene Strategien umfassen, wie High-Frequency Trading (HFT), bei dem innerhalb von Millisekunden zahlreiche Orders platziert und storniert werden können, oder statistische Arbitrage, die Preisbeziehungen zwischen verschiedenen Währungspaaren ausnutzt.

* **Technologie und Infrastruktur (7.3.2):** Erfolgreicher algorithmischer Handel erfordert fortschrittliche Technologien, einschließlich schneller Datenverbindungen, leistungsfähiger Computer und der Fähigkeit, Algorithmen effektiv zu programmieren und zu testen.

* **Risikomanagement (7.3.3):** Algorithmischer Handel birgt auch Risiken, insbesondere in Bezug auf technische Fehler oder unerwartete Marktbedingungen. Ein solides Risikomanagement, einschließlich der Implementierung von Stop-Loss-Orders und der Überwachung der Systemleistung, ist entscheidend.

Fazit

Fortgeschrittene Handelsstrategien im Devisenmarkt, wie Carry-Trades, Arbitrage und algorithmischer Handel, bieten erfahreneren Händlern Möglichkeiten, ihre Gewinne zu maximieren. Jede dieser Strategien erfordert jedoch ein tiefes Verständnis der Marktdynamik, ausgeklügelte technische Lösungen und ein effektives Risikomanagement, um erfolgreich zu sein. Händler, die diese fortgeschrittenen Strategien einsetzen, müssen stets auf dem Laufenden bleiben und bereit sein, ihre Ansätze schnell anzupassen, um auf Veränderungen im Markt zu reagieren.

Kapitel 8: Steuern und rechtliche Aspekte im Devisenhandel

Der Devisenmarkt ist nicht nur wegen seiner Größe und seines Umfangs einzigartig, sondern auch aufgrund der komplexen steuerlichen und rechtlichen Rahmenbedingungen, die für Händler auf der ganzen Welt gelten. Die Kenntnis dieser Aspekte ist für jeden Devisenhändler von entscheidender Bedeutung, um rechtliche Probleme zu vermeiden und die steuerliche Effizienz zu maximieren.

8.1 Steuerliche Behandlung von Devisengewinnen und -verlusten

Die steuerliche Behandlung von Gewinnen und Verlusten aus dem Devisenhandel kann je nach Land und den spezifischen Steuergesetzen variieren. Es ist wichtig, dass Händler die steuerlichen Implikationen ihres Handels verstehen und entsprechend planen.

- **Erkennung und Berichterstattung (8.1.1):** In vielen Ländern müssen Devisengewinne als Einkommen versteuert werden. Die genaue Art und Weise, wie diese Gewinne zu deklarieren sind, kann jedoch variieren. Einige Länder verlangen, dass die Gewinne als Kapitalgewinne berichtet werden, während andere spezielle Steuersätze oder Regeln für kurzfristige gegenüber langfristigen Gewinnen haben.

- **Verlustabzug (8.1.2):** In einigen Jurisdiktionen können
  Verluste aus dem Devisenhandel von der Steuer
  abgesetzt werden. Dies kann dazu beitragen, die
  Steuerbelastung zu verringern, insbesondere wenn diese
  Verluste gegen Gewinne aus anderen Investitionen
  aufgerechnet werden können.

- **Steuerliche Besonderheiten für Deviseninstrumente
  (8.1.3):** Bestimmte Deviseninstrumente wie Futures und
  Optionen können unter spezielle steuerliche
  Regelungen fallen. Zum Beispiel können in den USA
  Futures auf Devisen nach der 60/40-Regel besteuert
  werden, bei der 60 % der Gewinne als langfristige
  Kapitalgewinne und 40 % als kurzfristige
  Kapitalgewinne behandelt werden, unabhängig von der
  Haltedauer.

8.2 Regelungen und Vorschriften im Devisenhandel

Die Regulierung des Devisenmarktes zielt darauf ab, einen
fairen und transparenten Handel zu gewährleisten, Betrug zu
verhindern und die Marktintegrität zu schützen. Die
Regelungen variieren erheblich zwischen verschiedenen
Ländern und Jurisdiktionen.

- **Regulierungsbehörden (8.2.1):** In den USA überwacht
  die Commodity Futures Trading Commission (CFTC)
  den Devisenhandel, während in Großbritannien die
  Financial Conduct Authority (FCA) für die Regulierung
  verantwortlich ist. Jedes Land hat seine eigene

Regulierungsbehörde, die die Einhaltung der Gesetze und Vorschriften im Devisenmarkt überwacht.

- **Lizenzierung und Compliance (8.2.2):** Forex-Broker müssen in vielen Ländern lizenziert sein, um ihre Dienstleistungen legal anbieten zu können. Diese Lizenzierung stellt sicher, dass der Broker bestimmte Standards in Bezug auf Kapitalanforderungen, Kundenschutz und Transparenz erfüllt. Händler sollten nur mit lizenzierten Brokern handeln, um ihr Kapital zu schützen.

- **Maßnahmen gegen Geldwäsche (8.2.3):** Devisenhändler und -broker müssen strenge Richtlinien zur Bekämpfung von Geldwäsche (AML) und zur Kenntnis Ihrer Kunden (KYC) einhalten. Diese Vorschriften dienen dazu, die Identität der Kunden zu überprüfen und verdächtige Transaktionen zu melden.

Fazit

Die steuerlichen und rechtlichen Aspekte des Devisenhandels sind komplex und variieren je nach Land. Es ist von entscheidender Bedeutung, dass Händler und Investoren sich der steuerlichen Implikationen ihres Handelns bewusst sind und die notwendigen Schritte unternehmen, um Compliance sicherzustellen. Eine professionelle Beratung durch einen Steuerberater oder Rechtsanwalt kann dabei helfen, mögliche Fallstricke zu vermeiden und die steuerliche Effizienz zu maximieren. Gleichzeitig ist es wichtig, nur mit regulierten

Brokern zu handeln und sich über die sich ständig ändernden Vorschriften im Devisenmarkt auf dem Laufenden zu halten.

Kapitel 9: Die Psychologie des Devisenhändlers

Die Psychologie spielt im Devisenhandel eine entscheidende Rolle. Selbst die erfahrensten Händler können durch emotionale Entscheidungen und psychologische Fallstricke beeinträchtigt werden. Dieses Kapitel untersucht die Bedeutung der emotionalen Kontrolle, der Disziplin, der Risikotoleranz und wie man gängige psychologische Fallen vermeidet, um im Devisenhandel erfolgreich zu sein.

9.1 Emotionen im Devisenhandel

Emotionen können eine mächtige Kraft im Handelsprozess sein, oft zum Nachteil des Händlers. Die Hauptemotionen, die Händler navigieren müssen, sind Gier, Angst, Hoffnung und Reue.

- **Gier** treibt Händler dazu, zu viel Risiko einzugehen oder in einer Gewinnposition zu lange zu verweilen, in der Hoffnung auf noch größere Gewinne, was oft zu Verlusten führt, wenn der Markt sich umkehrt.
- **Angst** kann Händler dazu bringen, zu früh aus einer Position auszusteigen oder gar nicht erst in den Markt einzutreten, was potenzielle Gewinne begrenzt.
- **Hoffnung** kann Händler in Verlustpositionen halten, in der Erwartung, dass sich der Markt erholen wird, was oft zu größeren Verlusten führt.

- **Reue** kann zu Zögern bei zukünftigen Handelsentscheidungen führen, insbesondere nach einem Verlust, was Chancen auf dem Markt verpassen lässt.

9.2 Disziplin und Risikotoleranz

Disziplin im Handel bedeutet, einem vordefinierten Handelsplan zu folgen und sich nicht von Emotionen leiten zu lassen. Dies beinhaltet:

- **Einhaltung eines Handelsplans:** Festlegung klarer Ein- und Ausstiegsstrategien vor dem Handel und strikte Befolgung dieser Pläne.
- **Risikomanagement:** Bestimmung der akzeptablen Verluste vor dem Eintreten in eine Position und Einsatz von Stop-Loss-Orders, um das Risiko zu begrenzen.

Risikotoleranz ist die Menge an Risiko, die ein Händler bereit ist zu akzeptieren. Sie variiert von Person zu Person und beeinflusst, wie viel Kapital in eine einzelne Handelsposition investiert wird. Die Kenntnis der eigenen Risikotoleranz hilft, emotionale Entscheidungen zu vermeiden und die Handelsstrategie entsprechend anzupassen.

9.3 Psychologische Fallstricke vermeiden

Verschiedene psychologische Fallstricke können Händler zum Straucheln bringen. Dazu gehören:

- **Overtrading:** Zu häufiges Handeln, oft aus Gier oder dem Wunsch, Verluste schnell wieder wettzumachen.

Dies kann zu erhöhten Transaktionskosten und Verlusten führen.

- **Bestätigungsfehler:** Die Tendenz, nur Informationen zu suchen oder zu interpretieren, die die eigenen Vorstellungen bestätigen, während widersprüchliche Informationen ignoriert werden.
- **Verlustaversion:** Die Tendenz, Verluste stärker zu gewichten als gleichwertige Gewinne, was zu riskantem Verhalten führen kann, um Verluste zu vermeiden.

Um diese Fallstricke zu vermeiden, können Händler:

- **Emotionale Distanz wahren:** Eine objektive Sicht auf den Handel bewahren und emotionale Anhaftungen an spezifische Positionen vermeiden.
- **Selbstreflexion praktizieren:** Regelmäßige Überprüfung der Handelsgeschichte, um Muster im eigenen Verhalten zu erkennen und zu korrigieren.
- **Bildung und Weiterbildung:** Ständiges Lernen über neue Handelsstrategien, Marktanalysen und psychologische Werkzeuge kann Händlern helfen, ihre Fähigkeiten zu schärfen und psychologisch bedingte Fehler zu minimieren.

Fazit

Die Psychologie des Devisenhändlers ist ein komplexes Feld, das die Kenntnis der eigenen emotionalen Trigger, Disziplin im Handel, eine angemessene Risikotoleranz und die Fähigkeit, psychologische Fallstricke zu erkennen und zu vermeiden, umfasst. Durch die Entwicklung dieser psychologischen

Fähigkeiten können Händler bessere Entscheidungen treffen, ihre Handelsleistung verbessern und letztendlich ihren Erfolg im Devisenhandel steigern.

Kapitel 10: Zukünftige Entwicklungen im Devisenhandel

Die Landschaft des Devisenhandels ist ständig im Wandel, getrieben durch technologische Fortschritte und die Integration neuer Finanzinstrumente wie Kryptowährungen. Diese Entwicklungen prägen nicht nur die Art und Weise, wie Handel betrieben wird, sondern auch die globalen Finanzmärkte insgesamt. In diesem Kapitel werden die potenziellen Auswirkungen von Kryptowährungen auf den Devisenmarkt und die Rolle technologischer Innovationen im Devisenhandel untersucht.

10.1 Kryptowährungen und ihre Auswirkungen auf den Devisenmarkt

Kryptowährungen, angeführt von Bitcoin, haben in den letzten Jahren erhebliche Aufmerksamkeit auf sich gezogen. Ihre Akzeptanz als Zahlungsmittel und Spekulationsobjekt hat signifikante Auswirkungen auf den Devisenmarkt:

- **Neue Handelspaare:** Kryptowährungen haben zu neuen Handelspaaren geführt, die traditionelle Währungen mit digitalen Währungen verbinden, und bieten Tradern neue Möglichkeiten und Märkte.
- **Volatilität:** Die hohe Volatilität von Kryptowährungen bietet Chancen für Trader, bietet jedoch auch ein erhöhtes Risiko. Diese Volatilität kann Auswirkungen auf traditionelle Devisenmärkte haben, insbesondere

wenn signifikante Bewegungen in Kryptowährungen zu
einer Verschiebung in der Risikowahrnehmung der
Anleger führen.

- **Dezentralisierung:** Kryptowährungen fordern das
traditionelle, zentralisierte Finanzsystem heraus. Ihre
Fähigkeit, grenzüberschreitende Transaktionen zu
vereinfachen, könnte langfristig Einfluss auf die
Nachfrage nach traditionellen Währungen und somit auf
Devisenmärkte haben.

- **Regulatorische Reaktionen:** Die zunehmende
Regulierung von Kryptowährungen in verschiedenen
Ländern könnte ihre Attraktivität als Investition
beeinflussen und hat das Potenzial, die Dynamik auf
den Devisenmärkten zu verändern.

10.2 Technologische Innovationen im Devisenhandel

Technologische Innovationen haben den Devisenhandel
revolutioniert, indem sie die Effizienz, Zugänglichkeit und
Geschwindigkeit verbessert haben. Zu den
Schlüsselinnovationen gehören:

- **Algorithmischer Handel:** Der Einsatz von
Algorithmen im Handel ermöglicht es, in
Sekundenbruchteilen auf Marktveränderungen zu
reagieren. Diese Technologie hat die Marktvolatilität
und die Handelsstrategien erheblich beeinflusst.

- **Künstliche Intelligenz (KI) und Maschinelles Lernen
(ML):** KI und ML werden zunehmend eingesetzt, um
Handelsstrategien zu entwickeln, Marktanalysen

durchzuführen und Prognosen zu erstellen. Diese Technologien können komplexe Muster erkennen und Trader bei der Entscheidungsfindung unterstützen.

- **Blockchain-Technologie:** Ursprünglich für Kryptowährungen entwickelt, hat die Blockchain das Potenzial, den Devisenhandel durch erhöhte Transparenz, Sicherheit und Effizienz bei Transaktionen zu revolutionieren.
- **Digitalisierte Finanzmärkte:** Die fortschreitende Digitalisierung führt zu einer stärkeren Integration globaler Finanzmärkte, erleichtert den Zugang für eine breitere Anlegerbasis und ermöglicht innovativere Handelsinstrumente und -plattformen.

Fazit

Die Zukunft des Devisenhandels wird maßgeblich von der weiteren Integration von Kryptowährungen in das Finanzsystem und dem fortlaufenden Fortschritt technologischer Innovationen bestimmt. Während Kryptowährungen die traditionellen Devisenmärkte ergänzen und herausfordern, bieten technologische Entwicklungen wie algorithmischer Handel, KI, ML und Blockchain neue Werkzeuge und Methoden für Trader. Diese Entwicklungen versprechen, den Devisenmarkt effizienter, zugänglicher und dynamischer zu gestalten, stellen jedoch auch neue Risiken und Herausforderungen dar, die es zu bewältigen gilt. Indem Trader und Investoren sich an diese Veränderungen anpassen und die neuen Technologien zu ihrem Vorteil nutzen, können sie ihre

Position in einem sich ständig weiterentwickelnden Markt
sichern.

Kapitel 11. Die geeignete Handelsplattform finden

Für Anfänger im Devisenhandel kann die Auswahl der richtigen Handelsplattform einen erheblichen Unterschied in ihrer Handelserfahrung und -effektivität ausmachen. Eine geeignete Plattform sollte nicht nur benutzerfreundlich und zuverlässig sein, sondern auch leistungsstarke Tools und Ressourcen für Marktanalyse, Handel und Risikomanagement bieten. Hier sind einige der beliebtesten und als vertrauenswürdig angesehenen Handelsplattformen, die häufig von Einsteigern und erfahrenen Händlern gleichermaßen genutzt werden:

1. MetaTrader 4 (MT4)

- **Beschreibung**: MT4 ist eine der am weitesten verbreiteten Handelsplattformen für Forex und CFDs. Sie bietet eine breite Palette von Analysetools, technischen Indikatoren und die Möglichkeit, automatisierte Handelssysteme (Expert Advisors) zu nutzen.
- **Geeignet für**: Anfänger und fortgeschrittene Trader, die eine starke technische Analyse und automatisierten Handel suchen.

2. MetaTrader 5 (MT5)

- **Beschreibung**: Eine Weiterentwicklung von MT4, bietet erweiterte Handelsfunktionen, technische Indikatoren, Zeitrahmen und die Möglichkeit zum Handel mit Aktien und Futures zusätzlich zu Forex.
- **Geeignet für**: Trader, die zusätzliche Finanzinstrumente handeln und von verbesserten Charting- und Analysefunktionen profitieren möchten.

3. cTrader

- **Beschreibung**: cTrader ist bekannt für seine intuitive Benutzeroberfläche und Transparenz im Handel. Es bietet fortschrittliche Charting-Tools, Level-II-Preise und schnelle Orderausführung.
- **Geeignet für**: Anfänger und erfahrene Trader, die eine benutzerfreundliche Plattform mit fortgeschrittenen Handelsfunktionen suchen.

4. NinjaTrader

- **Beschreibung**: Bietet leistungsstarke Charting- und Analysetools, die speziell für den Handel mit Futures und Forex entwickelt wurden. NinjaTrader ist auch für seine fortschrittlichen Automatisierungs- und Backtesting-Funktionen bekannt.
- **Geeignet für**: Erfahrene Trader, die eine umfassende Plattform für den Handel und die Analyse suchen, besonders im Futures-Markt.

5. Thinkorswim (von TD Ameritrade)

- **Beschreibung**: Thinkorswim ist eine robuste Plattform, die umfangreiche Tools für die Analyse, den Handel und die Risikomanagementstrategien bietet. Sie unterstützt eine Vielzahl von Finanzinstrumenten einschließlich Forex.
- **Geeignet für**: US-basierte Trader, die eine umfassende Plattform für den Handel mit verschiedenen Instrumenten suchen, einschließlich Aktien und Optionen.

Auswahlkriterien

Bei der Auswahl einer Handelsplattform sollten Anfänger folgende Faktoren berücksichtigen:

- **Benutzerfreundlichkeit**: Eine intuitive Benutzeroberfläche, die das Lernen und die Nutzung erleichtert.
- **Ressourcen für Bildung und Forschung**: Zugang zu Tutorials, Webinaren, Marktanalysen und Nachrichten.
- **Analyse- und Handelstools**: Verfügbarkeit von technischen Indikatoren, Charting-Tools und automatisierten Handelsoptionen.
- **Kundensupport**: Zugänglicher und hilfreicher Kundenservice für technische oder handelsbezogene Fragen.

- **Kosten und Gebühren**: Verständnis der
  Transaktionskosten, Spreads und möglicher Gebühren
  für Inaktivität oder Abhebungen.

Indem sie diese Plattformen und Auswahlkriterien
berücksichtigen, können Anfänger eine fundierte Entscheidung
treffen, die ihren individuellen Handelsstil und Bedürfnissen
am besten entspricht. Da sich im Finanzgeschäft immer wieder
Änderungen ergeben, ist es ratsam sich stets nach aktuellen
Informationen zu informieren.

Kapitel 12: Devisenhandel Steuer – Forex Gewinne 2024 richtig versteuern

Der Umgang mit der Besteuerung von Gewinnen aus dem Devisenhandel ist für viele Neueinsteiger eine Quelle der Unsicherheit. Dieses Kapitel bietet einen Überblick über die steuerlichen Aspekte des Devisenhandels im Jahr 2024, insbesondere für deutsche Trader.

12.1 Das Wichtigste auf einen Blick

- **Gewinne sind steuerpflichtig**: Gewinne aus dem Forex-Handel unterliegen in Deutschland der Einkommensteuer.
- **Abgeltungssteuer**: Die Abgeltungssteuer von 25% gilt auf alle Arten von Kapitalerträgen, einschließlich Forex-Gewinnen.
- **Zusätzliche Abgaben**: Zum Abgeltungsteuersatz kommen 5,5% Solidaritätszuschlag und je nach Fall Kirchensteuer hinzu.
- **Broker-Abrechnung**: Die Versteuerung kann von der Brokerseite abhängig vom Unternehmenssitz variieren.

12.2 Devisen-Gewinne eindeutig steuerpflichtig

Vom Standpunkt des deutschen Steuerrechts betrachtet handelt es sich beim Devisenhandel um ein Veräußerungsgeschäft, wodurch die erzielten Gewinne der Einkommensteuer unterliegen. Die Forex-Steuer, als Teil der Abgeltungssteuer, beträgt pauschal 25% des realisierten Gewinns. Hinzu kommen der Solidaritätszuschlag von 5,5% und eventuell die Kirchensteuer.

Beispiel:

- Gewinn: 500 Euro
- Ertragssteuer (25%): 125 Euro
- Solidaritätsbeitrag (5,5%): 6,88 Euro
- Kirchensteuer (falls zutreffend, 8%): 10 Euro
- Gesamtsteuern auf den Gewinn: 141,88 Euro

12.3 Devisenhandel Steuer: Das ist die Abgeltungssteuer

Die Abgeltungssteuer, eingeführt im Jahr 2009, gilt für verschiedene Kapitalerträge, einschließlich Forex-Gewinne. Sie beträgt pauschal 25% und wurde geschaffen, um die Versteuerung von Kapitalerträgen zu vereinfachen. Vorher gab es unterschiedliche Steuersätze für verschiedene Arten von Kapitalerträgen.

12.4 Zwischen Barausgleich und Auslieferung bei der Steuer im Forex-Handel

Die steuerliche Behandlung im Forex-Handel hängt davon ab, ob zwischen dem Trader und dem Broker ein Barausgleich oder eine Auslieferung vereinbart ist. Bei einer Auslieferung werden Nettoerträge in der Steuererklärung angegeben, während bei einem Barausgleich die Gewinne unter die Abgeltungssteuer fallen.

Die genaue steuerliche Abwicklung im Forex-Handel kann komplex sein, und es wird empfohlen, sich frühzeitig über die steuerlichen Verpflichtungen zu informieren und gegebenenfalls professionellen Rat einzuholen. Steuergesetze können sich ändern, und es ist wichtig, auf dem aktuellen Stand zu bleiben.

Kapitel 13: Glossar - Schlüsselbegriffe und Definitionen im Devisenhandel

- **Ask:** Der Preis, zu dem ein Marktteilnehmer bereit ist, eine Währung zu verkaufen. Oft als Angebotspreis bezeichnet.

- **Bid:** Der Preis, zu dem ein Marktteilnehmer bereit ist, eine Währung zu kaufen. Dies ist in der Regel niedriger als der Ask-Preis.

- **Basiswährung:** Die erste Währung in einem Währungspaar. Sie zeigt, wie viel der Quote-Währung benötigt wird, um eine Einheit der Basiswährung zu kaufen.

- **Fundamentalanalyse:** Eine Methode zur Bewertung einer Währung durch die Analyse wirtschaftlicher, sozialer und politischer Faktoren, die ihren Wert beeinflussen könnten.

- **Leverage (Hebel):** Ein Werkzeug, das es Händlern ermöglicht, größere Positionen mit einer kleineren Kapitaleinlage zu kontrollieren. Leverage erhöht sowohl das Gewinn- als auch das Verlustpotenzial.

- **Lot:** Eine standardisierte Menge einer Währung. Im Devisenhandel ist ein Standard-Lot in der Regel 100.000 Einheiten der Basiswährung.

- **Long gehen (eine Long-Position einnehmen):** Den Kauf einer Währung in der Erwartung, dass ihr Wert steigen wird.

- **Margin:** Das erforderliche Kapital, das auf dem Handelskonto hinterlegt sein muss, um eine gehandelte Position offen zu halten. Margin wird oft als Prozentsatz des vollständigen Handelswerts ausgedrückt.

- **Pip (Percentage in Point):** Die kleinste Preisbewegung, die ein Wechselkurs machen kann. Für die meisten Währungspaare entspricht ein Pip einer Bewegung der vierten Dezimalstelle, bei japanischen Yen-Paaren ist es die zweite Dezimalstelle.

- **Quote-Währung (Kurswährung):** Die zweite Währung in einem Währungspaar. Sie zeigt den Wert der Basiswährung im Verhältnis zur Quote-Währung an.

- **Sentimentanalyse:** Die Auswertung der Stimmung oder Meinung der Marktteilnehmer, um Entscheidungen über zukünftige Preisbewegungen zu treffen.

- **Short gehen (eine Short-Position einnehmen):** Den Verkauf einer Währung in der Erwartung, dass ihr Wert fallen wird.

- **Spread:** Die Differenz zwischen dem Kauf- (Bid) und Verkaufspreis (Ask) eines Währungspaares. Ein enger Spread deutet auf hohe Liquidität und niedrige Handelskosten hin.

- **Stop-Loss-Order:** Eine Order, die gesetzt wird, um Verluste zu begrenzen, falls der Markt sich entgegen der erwarteten Richtung bewegt.

- **Swap:** Eine Übernachtfinanzierung, die entweder als Kosten oder als Gutschrift berechnet wird, wenn eine Position über Nacht offen gehalten wird.

- **Take-Profit-Order:** Eine Order, die gesetzt wird, um Gewinne zu realisieren, sobald der Preis ein vordefiniertes Niveau erreicht.

- **Technische Analyse:** Eine Methode zur Vorhersage künftiger Preisbewegungen durch Untersuchung historischer Marktdaten, hauptsächlich durch Preis- und Volumencharts.

- **This**: Betrachtung der Steuer gemacht hat, der hat vielleicht auch noch nicht von der Abgeltungssteuer gehört. Das ist durchaus nicht selten. Daher ist es von Vorteil im Forex-Handel zumindest ungefähr zu wissen, was die Abgeltungssteuer eigentlich ist.

Weitere Bücher von Holger Kiefer

Finden Sie unter folgenden zwei Seiten:

https://heil-weg.de/verlag zu Themen der Gesundheitseinrichtungen

https://kiefer-coaching.de/verlag zu Themen Kinderbücher, Psychologie, Finanzen, Mentaltraining

https://priester-schamane.de/literatur zu Themen Hopi-Prophezeiungen und spirituelles

Zuvor möchte ich ihnen noch ein weiteres Buch vorstellen.

Was sind NFTs? - 4 YOU - die NFT-Anleitung

NFTs für Investoren Fotografen Videoproduzenten Grafikdesigner Illustratoren 3D-Künstler Animatoren Spieleentwickler Programmierer Filmemacher Produzenten Musiker Komponisten Handwerker Designer Architekten Innenarchitekten Wissenschaftler Forscher

Softcover ISBN: 978-3-347-93291-3
Hardcover ISBN: 978-3-347-93292-0
Großschrift ISBN: 978-3-347-93294-4

Beschreibung

NFTs sind heute so wichtig geworden, weil sie eine neue Form von **digitaler Kunst** und **digitalem Eigentum** darstellen, die einen hohen Wert und eine hohe Nachfrage haben. Interessieren Sie sich für NFTs als Investition oder um Ihre Angebote ohne Zwischenhandel zu vermarkten?

- Fotografen und Videoproduzenten
- Grafikdesigner und Illustratoren
- 3D-Künstler und Animatoren
- Game-Entwickler und Programmierer
- Filmemacher und Produzenten
- Musiker und Komponisten
- Kunsthandwerker und Designer
- Architekten und Innenarchitekten
- Wissenschaftler und Forscher

NFTs können für Anleger interessant sein, weil sie eine Möglichkeit bieten, in **digitale Kunst** und andere **einzigartige digitale Objekte** zu investieren, die einen hohen Wert und eine hohe Nachfrage haben. Außerdem können Anleger von der **Transparenz** und **Sicherheit** der **Blockchain-Technologie** profitieren, die die Echtheit und den Besitz von NFTs garantiert.

Hier eine Auswahl von https://heil-weg.de/verlag

Depressionen besser verstehen und überwinden für Kinder
Jugendliche Erwachsene

Marc Segar ich habe Asperger-Syndrom
Mein Leben, meine Erfahrung, wie man als Autist besser
überlebt

CBD-Öl zur Behandlung von Autismus – Studie bei Autismus-
Spektrum-Störung
Wenn Neuleptil, Abilify, Tavor bei Autismus-Spektrum-
Störungen nicht helfen

Autismus und Schlaf bei Autismus-Spektrum-Störungen
Studien zur Behandlung und Bewältigung von
Schlafproblemen mit Autismus-Spektrum-Störungen

Stammzelltherapie bei Autismus – Pro und Kontra: Aktuelle
Studien – S3-Leitlinie

Diagnose Insomnie – Schlafstörung
Neurodegenerative Erkrankung Schlafstörungen

So entsteht ein Mensch – von der Befruchtung bis zur Geburt
Ratgeber Schwangerschaft – Alle Phasen der Entwicklung von
Mutter und Kind

Alkohol Krankheiten und ihre Folgen Krebs durch Alkohol das
Krebsrisiko Alkoholismus: Alkoholiker welche Krebsarten löst
Alkohol aus – Erfahrungen – Informationen zu Alkoholsucht

Krebs durch Alkohol das Krebsrisiko – Welche Krebsarten löst
Alkohol aus – Erfahrungen – Informationen

Alkoholentzug und Entzugserscheinungen
Alkoholentzugssyndrom – Alkoholismus Alkoholentzug
Therapie bei Alkoholabhängigkeit

Alkohol gesundheitliche Folgen von Alkoholismus körperliche
Symptome und Auswirkungen auf die Psyche – Alkoholismus
Leitfaden für Fachkräfte

Ernährung für einen gesunden Darm – Empfohlene
Ernährungstipps für eine gesunde Verdauung nicht nur bei
Magen-Darmproblem

Basiswissen Alzheimer – Alzheimer Demenz, Symptome und
Hilfe für Angehörige

Schlafstörungen bei Alzheimer - Anzeichen für Alzheimer Schlafprobleme bewältigen – Prävention, neue Medikamente und Studien

Erworbene Hirnverletzung Schädel Hirn Trauma SHT Gehirnverletzung Anzeichen Symptome Behandlung Verlauf Folgen und Spätfolgen von Schädel Hirn Trauma

Abulie und Akinetischer Mutismus Symptome – Abulie Mangel an Willenskraft Initiative Antriebslosigkeit Langsamkeit des Denkens Bradyphrenie Sprachstörung

Gut zu wissen – so funktioniert das Gehirn. Die Geheimnisse des Gehirns: Von der Hardware zur Software des erfolgreichen Denkens

Das Schlaf Buch – Schlaf gut ohne Schlafprobleme Schlaflosigkeit? – Endlich den Schlaf verbessern – nie mehr Schlaflos bei Agrypnie, Insomnie und Hyposomnie

Das Rückenprobleme Buch – Rückenschmerzen was hilft schnell – Heilverfahren TCM, Ayurveda, Übungen zusätzlich Ursachen Ödeme und Psychosomatische Beschwerden

Darmsanierung durch Darmflora Aufbau: Tipps zur Darmkur

Powerfood für Kinder und Jugendliche: Gesunde Ernährung
für Kinder Ratgeber für Eltern

Der Ernährungsratgeber: Für Säuglinge und Kleinkinder,
Kinder und Jugendliche, Erwachsene, schwangere Frauen und
stillende Mütter sowie ältere Erwachsene

Alles über Sonnenbrand und Sonnenschutz
Bewährte Hausmittel bei Sonnenbrand und mehr

Philosophen über Zufriedenheit – Zitate
Philosophie Glück – Zufriedenheit lernen – Zufriedenheit im
Leben Zitate der bekanntesten Philosophen

**Hier eine Auswahl von
<u>https://kiefer-coaching.de/verlag</u>**

Gratis Buch Kinderbuchkatalog

Das Schildbürger Buch anno dazumal
Eine moderne Neuerzählung der Schildbürger für alle
Altersgruppen - mit entzückenden Pixelgrafiken: Softcover
ISBN: 978-3-384-09050-8 – Hardcover ISBN: 978-3-384-
09051-5

und in Farbe die: Die Schildbürger anno dazumal –
Sonderedition
Softcover ISBN: 978-3-384-08679-2 - Hardcover ISBN: 978-
3-384-08680-8 und als E-Book
ISBN: 978-3-384-08681-5

Lernen von einem CIA-Agenten - die psychologische
Kriegsführung
USA, China, Russland, Europa - jeder ist in Gefahr - Ein CIA-
Insider packt aus
Softcover ISBN: 978-3-384-13567-4 - Hardcover ISBN: 978-
3-384-13568-1
die E-Book-Version lautet: eBook Verborgene Aktivitäten –
wie man Menschen zu Spionen macht

Glücklich als Single 49 Tipps für Singles
Stars über Glück statt Einsamkeit – so gelingt es
Softcover ISBN: 978-3-384-06523-0
Hardcover ISBN: 978-3-384-06524-7
Großschrift ISBN: 978-3-384-06525-4
ebenfalls als E-Book erhältlich

Friedensnobelpreis 2023 für die iranische Aktivistin Narges Mohammadi
Softcover ISBN: 978-3-384-03767-1 Seiten 69
Hardcover ISBN: 978-3-384-03768-8 Seiten 85
Großschrift ISBN: 978-3-384-03769-5 Seiten 108
und als E-Book ISBN 9783757968458

Abulie – Die verlorene Spur – Mein Kampf gegen den stillen Antriebsverlust

Manifestieren Sie ihre Träume
Wie sie alle guten Dinge anziehen
als E-Book im E-Pub Format ISBN: 978-3-347-91272-4
Softcover ISBN: 978-3-347-91270-0
Hardcover ISBN: 978-3-347-91271-7

Selbstwert von innen heraus
Eine Reise zu mehr Selbstbewusstsein und Selbstachtung
E-Book ISBN: 978-3-347-96352-8
Softcover ISBN: 978-3-347-96350-4

Hardcover ISBN: 978-3-347-96351-1
Großschrift ISBN: 978-3-347-96353-5

Was sind NFTs? – 4 YOU die NFT-Anleitung
Softcover ISBN: 978-3-347-93291-3
Hardcover ISBN: 978-3-347-93292-0
Großschrift ISBN: 978-3-347-93294-4

Konzentrationstraining für Kinder von Klein bis Groß
Arbeitsbuch und Anleitung

Dark Triad – Dunkle Triade
Narzissten – Psychopathen – Machiavellisten
Beziehung, Manipulation, Ausnutzung, emotionaler Mißbrauch
...
Hardcover ISBN: 978-3-347-95614-8
Großschrift ISBN: 978-3-347-95616-2

Impressum:

Holger Kiefer

Dozent Mental Health Master Coach

Kopernikusstr. 14

D-90766 Fürth

beratungholgerkiefer@gmx.de

0162-9291723

Depressionen besser verstehen und überwinden für Kinder Jugendliche Erwachsene

Bearbeitungsstatus:	Freigegeben
Veröffentlichungsstatus:	Daten übermittelt
Letzte Auslieferung:	16. Februar 2024 um 15:00 Uhr
Autor:	Holger Kiefer
ISBN:	9783757973025
Ausgabeformat:	eBook
Verkaufspreis:	3,99 €

Letzte Bearbeitung: 16.02.2024, 15:00

Planet X und die Hopi-Prophezeiung: Enthüllung der Zukunft unserer Welt

Bearbeitungsstatus:	Freigegeben
Veröffentlichungsstatus:	Daten übermittelt
Letzte Auslieferung:	16. Februar 2024 um 12:03 Uhr
Autor:	Holger Kiefer
ISBN:	9783757906153
Ausgabeformat:	eBook
Verkaufspreis:	2,99 €

Letzte Bearbeitung: 16.02.2024, 12:03